PREGUNTAS PARA HACER ANTES DEL MATRIMONIO

Conozca a su pareja antes de casarse

Jeff Kinsman

Contenido

"El matrimonio no se trata sólo de encontrar a la persona adecuada; se trata de ser la persona adecuada".
Autor desconocido

"Hacer preguntas difíciles antes del matrimonio genera crecimiento y allana el camino para una relación sólida y satisfactoria"
Autor desconocido

"Antes de decir 'PARA SIEMPRE' pregúntense todo. Cuanto más sepamos ahora, más fuerte será el Amor mañana".
Autor desconocido

Prefacio

UNA EXPERIENCIA DE LA VIDA REAL

Antes de embarcarnos en este viaje de exploración, permítanme compartir con ustedes mi experiencia personal que inspiró la creación de este libro.

Mi pareja y yo éramos amigos durante dos años y luego comenzamos a salir despés del segundo año, cuando estábamos profundamente enamorados el uno del otro. Salimos durante otros 2 años y algunos meses. En este punto sentimos que nos conocíamos por dentro y por fuera debido al tiempo que llevamos juntos como amigos y pensamos en dar el siguiente paso en nuestra relación y casarnos. Sin embargo, cuando empezamos los planes de boda, en algún momento nos dimos cuenta de que todavía había bastantes temas importantes que no habíamos tratado.

Nos encontramos frente a conversaciones difíciles sobre finanzas en términos de administración del dinero, también nuestras aspiraciones profesionales eran bastante diferentes e incluso nuestras expectativas para formar una familia eran totalmente diferentes. Fue muy triste que durante toda la etapa de amistad y de citas, no pudimos darnos cuenta ni discutir nada de esto. Bueno, tal vez estábamos cegados por el amor, como decían; "Love is Blind" tiene una nota más ligera.

A través de estas conversaciones, descubrimos diferencias en nuestros valores y prioridades de las que antes no éramos conscientes. Si bien estábamos comprometidos el uno con el otro, nos dimos cuenta de que aún necesitábamos tomarnos un tiempo para comprendernos verdaderamente y asegurarnos de que estábamos en la misma página antes de casarnos.

Una cosa es muy importante cuando se trata del matrimonio, es una "escuela de por vida" en la que no puedes graduarte, porque el trato es para siempre, por lo tanto, las partes involucradas deben tener un propósito y una visión similares y pueden ayudarse mutuamente a lograrlo. este propósito y visión sin afectarse mutuamente.

Esta experiencia nos inspiró a buscar más recursos para ayudar a guiar nuestras discusiones y profundizar nuestra comprensión mutua, incluidas algunas sesiones de asesoramiento con consejeros matrimoniales. Descubrimos que hacer las preguntas correctas y tener conversaciones abiertas y honestas fortalecerá nuestra relación e incluso nos acercará más, junto con el amor que nos tenemos el uno al otro.

Sin embargo, después de pasar por una serie de sesiones de asesoramiento y asistir a seminarios junto con mi pareja, podemos entender muchas cosas, se discutieron las diferentes perspectivas sobre diferentes aspectos de la vida, se discutieron preguntas importantes y significativas que conducirán a una vida plena. Se pidió experiencia y pudimos llegar a un terreno común y ahora estamos felizmente casados desde hace 3 años y seguimos contando.

Con esta experiencia en mente, presento este libro, "Preguntas que debe hacerse antes del matrimonio: conozca a su pareja antes de casarse". Espero que sirva como un recurso valioso para las parejas que se embarcan en el viaje del matrimonio, ayudándolos a navegar conversaciones importantes y construir una base sólida para una vida de amor y felicidad.

Introducción

ENTENDIENDO LA IMPORTANCIA DE PREGUNTAR

Establecer una base sólida y duradera

El matrimonio a menudo se describe como un viaje: un viaje lleno de amor, risas, desafíos y crecimiento. Pero como cualquier viaje, requiere una preparación y planificación cuidadosas para garantizar un viaje sin contratiempos y exitoso. Uno de los aspectos más cruciales de esta preparación es el acto de hacer preguntas, preguntas que profundizan en quiénes somos, qué valoramos y qué imaginamos para nuestro futuro.

Las parejas podrían estar en el umbral del matrimonio, anticipando ansiosamente la aventura que les espera. Es posible que estén profundamente enamorados, comprometidos el uno con el otro y listos para dar el paso hacia una relación de por vida. Sin embargo, debajo de la superficie de su entusiasmo, existe un mundo desconocido, un mundo que espera ser explorado a través del poder de la investigación y el diálogo.

Hacer preguntas antes del matrimonio no es simplemente una formalidad o una lista de verificación que debe completarse; es un paso vital para construir una base de comprensión, confianza y compatibilidad. Es una forma para que las parejas descubran sus esperanzas, sueños y miedos; navegar las complejidades de la vida juntos con mentes y corazones abiertos.

Antes de que dos personas se embarquen en el viaje del matrimonio, existe un período crucial de preparación que a menudo se pasa por alto: el tiempo dedicado a conocerse profunda y completamente. Este período de exploración, introspección y comunicación abierta es esencial para construir una base que respalde una relación sólida y duradera.

En el ajetreo y el bullicio de la planificación de bodas y la emoción por el futuro, es fácil pasar por alto la importancia de hacer las preguntas correctas y entablar conversaciones significativas sobre las complejidades de la vida en común. Sin embargo, estas conversaciones son la base sobre la que se construye un matrimonio sano y próspero.

Mi experiencia personal resalta la importancia de hacer preguntas antes del matrimonio, no sólo para descubrir más sobre nuestra pareja sino también para descubrir más sobre nosotros mismos. Es a través de estas preguntas que obtenemos información sobre nuestros propios valores, creencias y prioridades, lo que nos permite contraer matrimonio con claridad, intencionalidad y propósito.

Este libro tiene como objetivo proporcionar a las parejas una hoja de ruta para navegar las importantes conversaciones que darán forma a su futuro juntos. Al hacer las preguntas correctas y entablar una comunicación abierta y honesta, las parejas pueden sentar las bases para un matrimonio fuerte, resiliente y construido para durar.

A lo largo de las páginas de este libro, encontrará orientación práctica, preguntas interesantes e historias de la vida real que lo inspirarán y empoderarán para embarcarse en este viaje de exploración con confianza y claridad. Ya sea que esté recién comprometido, esté planeando casarse o simplemente esté buscando fortalecer su relación, está invitado a unirse a nosotros en este viaje de descubrimiento y preparación para una vida de amor y felicidad.

Capítulo uno

CONOCE A TU PAREJA

Antes de decir "Sí, quiero", es imperativo comprender verdaderamente a la persona con la que te comprometes a pasar el resto de tu vida. Este es un viaje de toda la vida y no puedes arriesgar ni permutar nada con la esperanza de cambiar las cosas cuando te cases. La verdad es que el "CAMBIO" comienza ahora.

Una de las cosas importantes que debes saber sobre tu pareja son sus respectivos antecedentes y educación. Para cada familia aquí en la tierra, todos somos criados en diferentes orígenes, nuestro crecimiento y nuestra educación son bastante diferentes, por lo tanto, la forma en que pensamos y vemos las cosas definitivamente será diferente. Dos personas que se unen para convertirse en una sin tener la misma comprensión sobre la vida y lo que la vida tiene para ofrecer durante el viaje de la vida generarán tantas disputas y malentendidos que pueden arruinar un hogar si no se manejan adecuadamente. Todo esto sólo puede suceder si no se realizan las investigaciones adecuadas.

Para una persona criada en un ambiente familiar donde hay calidez y risas con pocos o menos problemas, no sabría que hay peores antecedentes y más en este mundo que lo que experimentó durante la niñez. En comparación con alguien cuya infancia estuvo marcada por dificultades y resiliencia, que siempre tuvo que valerse por sí mismo a una edad muy tierna, nunca experimentó la calidez y el amor que se asocian a un entorno familiar adecuado, obviamente ambas definiciones sobre cómo debería ser una familia serán válidas. difieren, las expectativas diferirán.

Compartir todas estas experiencias se ayudará mutuamente a obtener una apreciación más profunda de los desafíos y triunfos que han dado forma a sus respectivos viajes.

Comprender los antecedentes de su pareja requiere que haga preguntas abiertas que la inviten a compartir sus experiencias. Preguntas como;

1. ¿Cuáles son algunos de tus mejores recuerdos de tu infancia?
2. ¿Puedes compartir algún acontecimiento o experiencia importante de tu vida que haya dado forma a quién eres hoy?
3. ¿Cómo describirías la dinámica dentro de tu familia mientras crecías?

Más aún, se exploran temas como la relación con sus padres y hermanos, que es muy importante, su herencia cultural o religiosa y cualquier otro acontecimiento importante de la vida que los haya impactado.

4. ¿Qué tradiciones culturales o religiosas fueron importantes para su familia?
5. ¿Cómo crees que tu educación ha influido en tus valores y creencias?

Al hacer algunas de estas preguntas, escuchar activamente y sentir empatía por su historia, está forjando una conexión más profunda y sentando las bases para la comprensión y el apoyo mutuos.

Nuestros valores, creencias y metas son la brújula que nos guía en la vida. Estos aspectos de la identidad de su pareja brindan información sobre lo que los motiva, lo que más les importa y lo que esperan lograr con usted en su viaje juntos hacia el futuro.

Para algunos puede ser justicia social, igualdad, dedicación inquebrantable, crecimiento personal, superación personal y mucho más. Trate de conocer y comprender cuáles son los valores de su pareja y sus objetivos, especialmente cuando ambos están casados, porque es importante que ambos compartan los mismos objetivos o objetivos similares en los que ambas partes puedan trabajar juntos para lograrlos. Pero una vez que los objetivos son diferentes, todos se esfuerzan por lograr sus objetivos, que tienden a no ser saludables. Juntos, tengamos una visión compartida para el futuro.

Explore los valores, creencias y objetivos de su pareja, participe en conversaciones abiertas y honestas que fomenten la vulnerabilidad y la autenticidad. Haga preguntas que inviten a la reflexión y la introspección, como qué valoran más en la vida, qué principios guían su toma de decisiones, sus metas y aspiraciones a largo plazo, cómo visualizan su futuro ideal y los pasos que están dando para lograrlo y qué esperan lograr. lograr en los próximos años.

Todo esto ayuda a crear un espacio para el entendimiento mutuo y la alineación, sentando las bases para una asociación basada en valores compartidos y un propósito común.

Hay más cosas para conocer a su pareja aparte de sus antecedentes, valores, creencias, objetivos, visión, etc. Comprender la dinámica y las expectativas familiares de su pareja también es muy esencial para construir su futura vida familiar.

La familia es la piedra angular de nuestras vidas y da forma a nuestras relaciones, tradiciones y sentido de identidad.

Discutir la dinámica y las expectativas familiares con su pareja requiere que aborde la conversación con empatía y apertura. Comparta historias de sus propias experiencias familiares y escuche atentamente mientras su pareja hace lo mismo.

Discuta temas como su nivel deseado de participación con los miembros de su familia extendida, sus expectativas sobre los roles y responsabilidades de los padres, su visión para crear tradiciones y rituales familiares, dividir las responsabilidades del hogar y la toma de decisiones, y planes sobre cómo ambos priorizarían el tiempo con la familia. familia una vez casada.

Todo esto, preguntado y compartido con toda sinceridad y franqueza, le abrirá los ojos sobre quién es realmente su pareja. Pero la conclusión es que ayudará a construir juntos una vida familiar fuerte y resiliente.

Capitulo dos

COMUNICACIÓN Y RESOLUCIÓN DE CONFLICTOS

Se necesita esfuerzo para mantener las relaciones en buena forma. no sólo los románticos, sino también los que involucran a niños, familiares e incluso conocidos. Además de mantenerse fiel a quién es usted y a lo que necesita emocionalmente, es fundamental cultivar continuamente su relación, comunicarse con claridad y desarrollar técnicas de resolución de disputas.

"Las personas con las que pasas el tiempo reflejarán tu visión de ti mismo", dice Kelly Campbell, profesora asociada de psicología. Lo que significa que cuanto más feliz seas, más fuertes podrán ser las otras relaciones.

Un método para mejorar las conexiones interpersonales con los demás es a través de una comunicación efectiva, especialmente con su pareja o más bien en su relación.

La comunicación efectiva es fundamental para las relaciones exitosas. Pero claro, así como cada persona es única, también lo son sus estilos de comunicación.

Comprender el estilo y las preferencias de comunicación de su pareja es esencial para fomentar un diálogo sano y productivo.

Debes notar y observar los patrones y matices de comunicación de tu pareja. Deberías poder notar cómo se expresan, ya sea a través de palabras, gestos o lenguaje corporal. Al prestar atención a estas señales, obtendrá una idea de cómo prefieren comunicarse y podrá adaptar su enfoque en consecuencia.

Mi pareja por ejemplo, cuando solemos tener discusiones, ella es un tipo muy expresivo y le encanta que cuando se comunica conmigo, respondo a casi todas las declaraciones que hace, solo para que esté segura de que estoy con ella. y también fluir con la conversación. Yo como persona no estoy tan acostumbrado a ese estilo de comunicación, prefiero escuchar más y al final dar mis comentarios, pero al estudiar esto y prestar atención a esto, tuve que intentar adaptarme a ese estilo y siempre. Desde entonces, no hay pequeños detalles que ella no siempre quiera compartir conmigo y esto ha sido realmente útil para generar crecimiento.

Algunos tienden a comunicarse abierta y directamente, mientras que otros prefieren ser más reservados e introspectivos. A través de una conversación honesta, ambos aprenderán y apreciarán las preferencias de comunicación de cada uno y encontrarán puntos en común en el compromiso compartido de mantener un diálogo abierto y honesto.

Para evaluar el estilo de comunicación de su pareja, observe cómo se comunica en diversas situaciones y contextos. Observe sus señales verbales y no verbales, sus hábitos de escucha y su respuesta al conflicto o desacuerdo. Al comprender su estilo de comunicación, puede adaptar su enfoque para fomentar una mejor comprensión y conexión en su relación.

Al intentar conocer y comprender el estilo de comunicación de su pareja, debe saber que la comunicación no se trata sólo de hablar, sino de escuchar, comprender y sentir empatía. Por lo tanto, necesita aprender algunas técnicas de comunicación efectivas que lo ayudarán a navegar conversaciones difíciles, expresar sus necesidades y deseos y también resolver conflictos de manera constructiva. Porque en algún momento puede haber motivos para una pelea o un malentendido, pero la capacidad de resolverlo de manera constructiva con cualquiera que resulte herido es beneficioso para ambas partes.

Algunas de las técnicas que puede emplear son técnicas de escucha activa que garantizan la comprensión y el respeto mutuos. Hacer contacto visual y asentir atentamente mientras tu pareja habla, parafrasear sus palabras para confirmar tu comprensión realmente te ahorrará mucho. Al practicar la empatía y la validación, se crea un espacio seguro y de apoyo para el diálogo abierto.

Conozco a dos socios que aprender técnicas de comunicación efectivas fue transformador para ellos. Les ayudó a descubrir el poder de las declaraciones en primera persona para expresar sus sentimientos sin culpar al otro al hacerlo, y la importancia de tomar descansos durante las discusiones acaloradas para calmarse y recuperar la perspectiva. A través de la práctica y la paciencia, estos socios perfeccionaron sus habilidades de comunicación y fortalecieron su conexión como socios.

Algunas otras técnicas de comunicación que debes explorar son la comunicación asertiva, la escucha activa (muy importante) y la comunicación no violenta. Trate siempre de reconocer los sentimientos y la perspectiva de su pareja, incluso si no está de acuerdo.

Un principio general que debemos saber es que los hombres normalmente quieren que los problemas se resuelvan de inmediato, mientras que las mujeres quieren discutir más las cosas y llegar a un consenso sobre el mejor curso de acción. Los hombres tienden a estar más orientados a las tareas en sus estilos de comunicación, mientras que las mujeres están más orientadas a los procesos. Teniendo esto en cuenta, siempre reconozcan las perspectivas de los demás.

Al priorizar la comprensión y la conexión en su comunicación, la confianza y la intimidad seguramente durarán más en su relación.

Manejar conflictos y desacuerdos de manera constructiva

El conflicto es una parte natural de cualquier relación, pero es la forma en que los manejamos lo que determina la salud y la longevidad de nuestras asociaciones. Manejar conflictos y desacuerdos de manera constructiva requiere paciencia, empatía y voluntad de llegar a acuerdos.

Imagínense encontrarse en medio de un desacuerdo con su pareja, sintiéndose ambos frustrados e incomprendidos. En lugar de recurrir a la culpa o a ponerse a la defensiva, aborda la situación con curiosidad y empatía. Escuchan las perspectivas de los demás, buscan puntos en común y soluciones que satisfagan las necesidades de ambos. Manejar los conflictos debería ser un proceso de aprendizaje, ya que no todo puede ser perfecto en un día. Necesita descubrir la importancia de dar un paso atrás durante los momentos acalorados para calmarse y recuperar la perspectiva, y el valor de utilizar declaraciones en primera persona para expresar sus sentimientos sin agravar la situación.

A través de la paciencia y la comprensión pueden resolver conflictos en su relación y eso ayuda a fortalecer el vínculo que ambos comparten.

Capítulo tres

FINANZAS Y GESTIÓN DEL DINERO

El dinero es un aspecto importante de cualquier relación y la forma en que las parejas administran sus finanzas puede tener un profundo impacto en su bienestar y felicidad generales. Nuestras actitudes y comportamientos hacia el dinero a menudo están determinados por nuestras experiencias pasadas y nuestra educación. Por lo tanto, comprender los antecedentes financieros de cada uno es crucial para fomentar la transparencia, la confianza y la alineación de sus objetivos y prioridades financieras. No puedes llegar a saber todo esto sin "Hacer preguntas". Preguntas relacionadas con sus recuerdos monetarios anteriores, el enfoque de su familia hacia la elaboración de presupuestos y el ahorro.

Hacer preguntas sobre los antecedentes financieros individuales y los enfoques educativos sobre el dinero también puede informarle sobre las experiencias pasadas de su cónyuge con el dinero, porque estas cosas a menudo moldean su actitud y comportamiento hacia el dinero.

Sin esto, no se puede obtener información valiosa sobre los respectivos enfoques de presupuestación, ahorro y gasto.

Establecer objetivos financieros compartidos también es muy importante cuando se trata de finanzas en las relaciones. Es fundamental para construir un futuro financiero sólido y unificado como pareja. Una vez hecho esto, estáis estableciendo objetivos y prioridades comunes, sobre los cuales podéis trabajar juntos para lograr sueños y aspiraciones.
Es muy importante hacer una lluvia de ideas sobre sus objetivos financieros compartidos y sus sueños para el futuro con su pareja. Podrá discutir sus aspiraciones de ser propietario de una vivienda, viajes, educación, jubilación y cualquier otro hito financiero que esperen lograr juntos. Al alinear sus objetivos financieros, crea una hoja de ruta para su viaje financiero como pareja.

Establecer objetivos financieros compartidos; Comience por discutir sus aspiraciones y prioridades financieras individuales.
- Identifique áreas de superposición e interés común, y trabajen juntos para priorizar sus objetivos compartidos.
- Colocar**ELEGANTE** objetivos que sean realistas y alcanzables.
S - Específico

M - Medible
A - Alcanzable
R - Relevante
T - Limitado en el tiempo
- Cree un plan para realizar un seguimiento de su progreso a lo largo del tiempo.

Es esencial establecer objetivos financieros comunes que reflejen valores y aspiraciones compartidos. Esto puede incluir objetivos inteligentes mencionados anteriormente, como ahorrar para el pago inicial de una vivienda, pagar deudas, crear un fondo de emergencia o planificar la jubilación.

Al identificar nuestros objetivos financieros compartidos y priorizarlos en función de nuestros valores y cronograma, podemos trabajar juntos para lograrlos. También le ayuda a crear un sentido de asociación y propósito compartido en su relación financiera.

Una estrategia que ayudaría a fortalecer la relación financiera de las parejas es desarrollar un presupuesto y un plan financiero conjunto. Esto es muy importante para gestionar eficazmente las finanzas en pareja. Ambos necesitan establecer un marco claro para los ingresos, gastos y ahorros.
Ambos deben sentarse y discutir ampliamente sobre los ingresos combinados, trazando un presupuesto y un plan

financiero conjunto para los próximos meses y años. Más cosas para discutir son los gastos fijos, los gastos variables y las respectivas metas de ahorro de cada uno, asignando recursos en consecuencia para alinearse con sus prioridades y objetivos compartidos. Por lo tanto, esta discusión ayudará a generar o crear un sentido de responsabilidad y transparencia en su relación financiera.

Se debe recopilar la información necesaria de ambas partes, sin olvidar que necesitamos tener una idea de cómo pueden ser sus gastos fijos, identificarlos (como el pago del alquiler o la hipoteca, los servicios públicos y las primas de seguros) y los gastos variables (como como comestibles, salir a cenar y entretenimiento). Asigne una parte de sus ingresos a ahorros e inversiones, asegurándose de que estén construyendo juntos un futuro financiero seguro.
Revise su presupuesto periódicamente para realizar un seguimiento de su progreso y realizar los ajustes necesarios. Al hacer esto, está creando una base sólida para la estabilidad financiera y la seguridad como pareja.

Quizás sea necesario que usted haga preguntas como, por ejemplo, ¿cómo pueden sus socios adaptarse al plan financiero para adaptarse a los cambios en las circunstancias u objetivos?

Escuche su punto de vista, comparta también el suyo y llegue a la mejor conclusión que evite conflictos relacionados con el dinero en el futuro como pareja.

Capítulo cuatro

EXPECTATIVAS DE INTIMIDAD Y RELACIÓN

Dentro del ámbito del amor verdadero, las parejas navegan por los ámbitos del afecto físico, los roles y responsabilidades, y el acto de equilibrio entre las aspiraciones profesionales y los deberes domésticos.

La intimidad, el alma de las relaciones románticas, abarca una infinidad de expresiones, desde tiernos abrazos hasta vulnerabilidades compartidas. Sin embargo, debajo de la superficie se esconde un tapiz de expectativas y preferencias individuales, esperando ser desvelado y aceptado.

La historia de mi pareja Precious y yo es una de las que me encantaría hablar brevemente en este capítulo. Nuestro viaje a través de la intimidad estuvo marcado por la divergencia. Precious, una devota del afecto físico, encontraba consuelo en la calidez de un abrazo o la suavidad de un beso, mientras que yo, como persona, era más reservada en mis afectos y luchaba por expresar mi amor en gestos abiertos.

Nuestro viaje reveló el poder de la comprensión y el compromiso, mientras navegábamos por el delicado equilibrio entre nuestras diferentes expectativas.

En este ámbito de la intimidad, las preguntas pueden surgir como estrellas guía, iluminando el camino hacia el entendimiento mutuo: preguntas que implicarían preguntarle a su pareja cómo expresa su afecto.

En el santuario del diálogo abierto, la pareja revela sus deseos y expresiones de amor más íntimos. Para algunos, la intimidad se encuentra en la suave caricia de una mano, mientras que para otros reside en los momentos tranquilos de vulnerabilidad compartida. Al adoptar estas diversas expresiones, las parejas fomentan conexiones más profundas y enriquecen su vínculo.

A medida que los socios atraviesan el paisaje del amor, se encuentran con el terreno de los roles y responsabilidades, donde la división del trabajo y los deberes compartidos dan forma a los contornos de su relación. En este ámbito, la claridad y la comunicación sirven como brújulas que guían a las parejas hacia un equilibrio armonioso.

Imagine una pareja atrapada en el laberinto de expectativas contradictorias. Ambos profesionales motivados lucharon por la delicada danza de equilibrar las aspiraciones profesionales con las tareas domésticas.

Sin una comunicación clara y una división del trabajo, su relación estaba al borde del desequilibrio.

Es posible que deba hacer preguntas como cómo imagina su pareja dividir las responsabilidades y los quehaceres del hogar en la relación. Pero, en el crisol de las responsabilidades compartidas, las parejas se embarcan en un viaje de colaboración y compromiso. Al honrar las fortalezas y preferencias de cada uno, cultivan un sentido de unidad y asociación, sentando las bases para una relación próspera.

Debes preguntarte cómo ese rol tradicional de género tiene la posibilidad de influir en tu relación. Pero creo que en una verdadera asociación, incluso si los roles de género tradicionales pueden servir como hilos de familiaridad o limitaciones que deben cuestionarse. Pero, a través del diálogo abierto y el respeto mutuo, las parejas navegan por este terreno con gracia y comprensión, forjando un camino que refleja sus valores y aspiraciones compartidos. No obstante, es necesario plantearse todas estas preguntas.

A menudo se dice que las parejas enfrentan el delicado equilibrio entre las aspiraciones profesionales, las tareas domésticas y las responsabilidades del cuidado de los hijos. De ahí que surjan preguntas como; ¿Cómo imagina equilibrar las aspiraciones profesionales con las tareas domésticas y las responsabilidades de cuidado de los niños en nuestra relación?

¿Qué sistemas de apoyo existen para gestionar las tareas del hogar y las responsabilidades de cuidado de los niños?

Con tanta apertura y respeto, aprecia el punto de vista de tu pareja hacia la respuesta dada a las preguntas formuladas.

El amor, la comunicación y la comprensión forman los hilos que unen a las parejas, creando una obra maestra de sueños y aspiraciones compartidos. A través del diálogo abierto y el respeto mutuo, los socios navegan por las complejidades de la intimidad, los roles y las responsabilidades, forjando un camino hacia una conexión más profunda y una armonía duradera.

Capítulo Cinco

SALUD Y BIENESTAR

En el viaje del amor y la asociación, es primordial fomentar la salud y el bienestar de ambos individuos.

En este capítulo, nos embarcamos en una exploración holística de la salud física y mental, las opciones de estilo de vida y las estrategias para apoyar el bienestar de los demás.

<u>Evaluación del historial de salud física y mental</u>
Nuestras historias de salud física y mental dan forma a los paisajes de nuestras vidas, influyendo en nuestras experiencias presentes y aspiraciones futuras. A través del diálogo abierto y la comprensión compasiva, las parejas se embarcan en un viaje de autodescubrimiento y apoyo mutuo.

Preguntas útiles para hacerle a tu pareja en este contexto;
- Pregunta 1: ¿Cuáles son sus experiencias con la salud física y mental y cómo han influido en su viaje?
- Pregunta 2: ¿Cómo los desafíos o triunfos pasados han dado forma a su enfoque actual hacia la salud y el bienestar?
- Pregunta 3: ¿Cuáles son algunos de los mecanismos o estrategias de afrontamiento que

ha desarrollado para controlar el estrés o las emociones difíciles?

- Pregunta 4: ¿Alguna vez ha buscado ayuda o terapia profesional por problemas de salud mental? Si es así, ¿cómo le impactó esa experiencia?
- Pregunta 5: ¿Qué papel juega el ejercicio y la actividad física en su vida y cómo contribuye a su bienestar general?
- Pregunta 6: ¿Cómo priorizas el cuidado personal en tu rutina diaria y qué actividades o prácticas te brindan una sensación de paz y rejuvenecimiento?
- Pregunta 7: ¿Ha experimentado algún problema de salud o condición médica importante en el pasado y cómo han influido en su perspectiva de la vida y sus relaciones?
- Pregunta 8: ¿Qué piensa sobre los medicamentos y las terapias alternativas para controlar las afecciones de salud mental?
- Pregunta 9: ¿Cómo comunica sus necesidades y límites relacionados con la salud física y mental dentro de una relación?
- Pregunta 10: ¿Qué papel desempeñan las redes de apoyo familiar y social en su salud y bienestar, y cómo fomenta esas conexiones?

Comprender y aceptar las historias de salud física y mental de cada uno es fundamental para fomentar la empatía, el apoyo y la resiliencia dentro de una relación.

<u>Discutir opciones y hábitos de estilo de vida</u>
Explorar opciones y hábitos de estilo de vida es esencial para fomentar la alineación y el equilibrio dentro de una relación. Al entablar un diálogo abierto y establecer objetivos compartidos, las parejas sientan las bases para una vida juntos sana y plena.
En un viaje de exploración, es muy importante discutir su elección de estilo de vida y sus hábitos con su pareja para crear una visión compartida del bienestar.

- Pregunta 1: ¿Qué piensa sobre la nutrición y su impacto en la salud y el bienestar general?

- Pregunta 2: ¿Cómo incorporas la actividad física a tu rutina diaria y qué tipos de ejercicio disfrutas?

- Pregunta 3: ¿Qué papel juegan el sueño y la relajación en tu vida y cómo priorizas las prácticas restaurativas?

- Pregunta 4: ¿Cómo manejas el estrés y cultivas la resiliencia frente a los desafíos de la vida?

- Pregunta 5: ¿Tiene algún hábito o comportamiento que le gustaría cambiar o mejorar para mejorar su salud y bienestar?

- Pregunta 6: ¿Cómo navegas por las situaciones sociales y la presión de tus compañeros cuando se trata de opciones de estilo de vida como la dieta y el ejercicio?

- Pregunta 7: ¿Qué piensa sobre el alcohol, el tabaco y el consumo de sustancias, y cómo influyen en sus elecciones de estilo de vida?

- Pregunta 8: ¿Cómo equilibra el trabajo, el ocio y el tiempo personal para mantener una sensación de equilibrio y satisfacción?

- Pregunta 9: ¿Qué papel juega la atención plena y la autoconciencia en su enfoque de la salud y el bienestar?

- Pregunta 10: ¿Cómo imagina usted crear un ambiente saludable y de apoyo en el hogar que promueva el bienestar de ambos socios?

Aquí hay preguntas que profundizan en la historia del estilo de vida y hábitos de su pareja, brindándole seguridad de buena salud y bienestar en el viaje juntos.

<u>Crear un plan para apoyar la salud y el bienestar de cada uno</u>

Hablar de colaboración y de apoyar la salud y el bienestar de los demás se convierte en un compromiso sagrado, un testimonio de amor y compasión. Pero a través de una planificación intencional y el apoyo mutuo, las parejas pueden forjar un camino hacia la prosperidad y el florecimiento juntos.

Los socios comprometidos con el bienestar mutuo podrían elaborar planes para apoyar la salud y el bienestar mutuos. Esto se puede lograr de manera efectiva cuando se formulan preguntas como las que se destacan a continuación.

- Pregunta 1: ¿Cómo podemos apoyar la salud y el bienestar de los demás a diario?

- Pregunta 2: ¿Qué recursos y sistemas de apoyo podemos aprovechar para mejorar nuestro bienestar como pareja?

- Pregunta 3: ¿Cómo navegamos por las diferencias en nuestras prioridades de salud y bienestar y al mismo tiempo apoyamos las necesidades de los demás?

- Pregunta 4: ¿Qué papel juegan las actividades y rituales compartidos en la promoción de nuestro bienestar mutuo?

- Pregunta 5: ¿Cómo podemos responsabilizarnos unos a otros por mantener hábitos y opciones de estilo de vida saludables?

- Pregunta 6: ¿Cómo abordamos los posibles desafíos u obstáculos que puedan surgir en nuestro camino hacia una mejor salud y bienestar?

- Pregunta 7: ¿Cómo creamos un espacio seguro y de apoyo para discutir problemas de salud y buscar ayuda cuando sea necesario?

- Pregunta 8: ¿Cuáles son nuestros objetivos de salud y bienestar a largo plazo como pareja y cómo trabajamos juntos para lograrlos?

- Pregunta 9: ¿Cómo celebramos nuestros éxitos e hitos en nuestro viaje hacia una mejor salud y bienestar?

Capítulo Seis

PLANES FUTUROS Y METAS DE VIDA

La belleza de la asociación reside en los sueños y aspiraciones compartidos que tejen el tejido de una vida compartida. Es dentro del ámbito de los planes futuros y los objetivos de vida donde las parejas sientan las bases de su viaje hacia adelante, tejiendo los hilos de sus ambiciones individuales en un tapiz de apoyo y colaboración mutuos.

A medida que los socios se embarcan en esta exploración, enfrentan preguntas difíciles que iluminan el camino hacia la alineación y la comprensión:

1. ¿Cuáles son sus aspiraciones profesionales a largo plazo y cómo imagina equilibrarlas con nuestra relación?
2. ¿Cómo define el éxito y la realización en su vida personal y profesional, y cómo podemos apoyarnos mutuamente para lograr estos objetivos?

3. ¿Qué papel desempeñan la familia y los niños en su visión del futuro y cómo imagina afrontar juntos las responsabilidades de la paternidad?

4. ¿Cómo priorizas la estabilidad financiera y la seguridad en tu vida y qué pasos estás dispuesto a dar para lograr estos objetivos como pareja?

5. ¿Qué piensa sobre la ubicación geográfica y las condiciones de vida, y cómo imagina establecerse y crear un hogar juntos?

6. ¿Cómo se navegan por las posibles diferencias en valores y prioridades cuando se trata de planes futuros, y cómo podemos encontrar puntos en común para avanzar juntos?

7. ¿Cómo aborda la idea de crecimiento personal y superación personal, y cómo podemos apoyarnos unos a otros en la búsqueda de nuestras pasiones e intereses individuales?

A medida que las parejas participan en estas conversaciones, profundizan su comprensión de las esperanzas, sueños y aspiraciones de cada uno, creando un camino hacia un futuro lleno de compromiso inquebrantable y visión compartida. Estos planes futuros y objetivos de vida servirán en gran medida como testimonio de la profundidad de la conexión y el propósito compartido que une a las parejas.

A medida que los socios atraviesan las complejidades de alinear sus caminos individuales, emergen más fuertes, más resilientes y más profundamente conectados, listos para embarcarse juntos en el viaje de su vida.

Capítulo Siete

RELIGIÓN Y CREENCIAS ESPIRITUALES

Ser espiritual en una relación implica algo más que visitar la misma mezquita, iglesia o templo. Nuestras creencias religiosas y espirituales influyen no sólo en cómo criamos a nuestros hijos sino también en cómo empleamos nuestro tiempo y nuestras finanzas. También influyen en las amistades que mantenemos. En este capítulo, voy a analizar los errores típicos que cometen las parejas cuando sus religiones o creencias espirituales divergen. Algo de esto es evidente cuando se trata de manejar creencias divergentes en su relación.

No hace falta ser Einstein para darse cuenta de que tendrás dificultades si, por ejemplo, pasas mucho tiempo orando y crees en Dios, pero tu pareja es atea y piensa que toda esta charla sobre Dios es una tontería. También puede causar problemas si eres muy espiritual y llevas cristales en el bolsillo porque crees que eres un ser energético, pero tu pareja piensa que todo eso es una tontería.

Por lo tanto, este capítulo se extiende más allá de la religión para incluir sus prácticas espirituales.

<u>Una breve historia</u>

Aproximadamente el 70% de los estadounidenses todavía se casan con miembros de su propia fe. Sin embargo, el mismo estudio también revela que casarse dentro de la propia religión ya no es tan importante como antes. Y lo que más me fascina es que la gran mayoría de estas uniones interreligiosas son entre cristianos e individuos no religiosos.

Sabes cuánto adoro estas cosas; también pensé que era interesante que a medida que los estadounidenses envejecen, ¡sus creencias religiosas se vuelven cada vez más importantes para ellos! Por lo tanto, si permanecen juntos durante un largo período, las diferencias espirituales que quizás no hayan sido un problema en los primeros años de su relación probablemente se conviertan en un problema.

Pero cuando leí cada pieza de investigación mundial, me encontré con un estudio considerable que se lleva a cabo de forma rutinaria en 48 países diferentes. Y el resultado clave que creo que es relevante para esta conversación es que ha habido cambios significativos en la identificación de las personas como religiosas versus espirituales en los últimos diez años. En particular, los que dijeron ser más espirituales aumentaron en número, mientras que los que dijeron ser más religiosos disminuyeron.

<u>En realidad, hay dos grupos:</u>

En mi opinión, existen dos tipos de parejas cuando se trata de manejar puntos de vista espirituales dispares. La primera es si sigues dos religiones distintas. Por ejemplo, digamos que tu pareja es musulmana o judía y tú eres cristiano.

La otra categoría de parejas está formada por un cónyuge que practica una religión o un camino espiritual y el otro que es agnóstico o ateo. Para evitar dudas, permítanme definir estos términos rápidamente: un agnóstico es alguien que duda de la posibilidad de saber con certeza si Dios existe, mientras que un ateo es alguien que rechaza toda creencia en Dios.

Lo creas o no, creo que puede ser un poco más sencillo para las parejas que practican diferentes religiones, ya que aún pueden encontrar una manera de coincidir espiritualmente incluso si sus creencias no lo hacen. Puede resultar más difícil para las parejas en las que uno de los miembros practica la espiritualidad y el otro no. No obstante, elegir la cultura y las creencias de su casa y de su relación es importante para ambos tipos de parejas.

<u>Errores comunes entre socios respecto a puntos de vista espirituales diferentes</u>

1. Sin hablar de las disparidades antes del matrimonio (o incluso del noviazgo serio). Creo que la gente mantiene la cabeza en las nubes y cree que el amor triunfará sobre todo porque no

quieren discutirlo porque se dan cuenta de que podría ser un factor decisivo.

2. Creer que las cosas "se arreglarán solas" o "les dejaremos elegir" y no aceptar el estilo de crianza espiritual que usarás con tus hijos.

3. No abordar de antemano las costumbres religiosas y lo que es aceptable o inaceptable.

4. No investigar la religión de su cónyuge y creer que sus creencias importan más que las suyas.

5. Evitar las conversaciones porque cree que no hay lugar para compromisos o puntos en común.

6. Creer que sus puntos de vista son los únicos "correctos" o intentar imponer sus creencias a su pareja.

7. Obtener demasiados puntos de vista externos sobre este asunto.

8. Fomentar rivalidades o actitudes defensivas de cualquier tipo durante las fiestas.

Estos son errores comunes que se pueden encontrar. Por lo tanto, no se puede dejar de enfatizar el lugar de preguntar, especialmente en los aspectos típicos de las relaciones.

<u>Tres estrategias para encontrar la armonía y la paz</u>

1. Respetar y apoyar las creencias de los demás.

2. Aprendan y acepten mutuamente las creencias o puntos de vista.

3. Identifique sus valores fundamentales compartidos, porque estos son los elementos que mantienen unidos y prósperos a los socios.

Capítulo Ocho

RELACIONES FAMILIARES Y SOCIALES

En la compleja red de conexiones humanas, las relaciones familiares y sociales son la columna vertebral de nuestros sistemas de apoyo y el tejido de nuestras vidas. En este capítulo, profundizamos en la dinámica de los vínculos familiares, navegamos por las complejidades de las relaciones políticas y cultivamos amistades más allá de los límites de nuestra pareja romántica.

<u>Comprender la relación con los miembros de la familia</u>

Nuestras conexiones con los miembros de la familia dan forma a nuestras identidades, valores y visión del mundo, influyendo en la forma en que navegamos por el mundo e interactuamos con los demás. Dentro de nuestra asociación, es fundamental explorar y comprender estos vínculos, fomentando la empatía, el respeto y la armonía.

En este examen, las parejas enfrentan preguntas desafiantes que arrojan luz sobre las interacciones familiares:

- ¿Cómo manejamos los desacuerdos o diferencias de opinión con nuestras familias mientras presentamos un frente unido como pareja?
- ¿Qué roles imaginamos que desempeñarán los miembros de nuestra familia extendida en nuestras vidas y cómo comunicamos los límites de manera efectiva?
- ¿Cómo equilibramos nuestro tiempo y atención entre nuestra relación y nuestros compromisos con nuestras familias?
- ¿Qué tradiciones y valores culturales deseamos preservar e integrar en nuestra vida compartida?
- ¿Cómo podemos apoyarnos unos a otros para navegar relaciones o situaciones familiares complejas?

<u>Establecer límites y expectativas con los suegros</u>

La relación con los suegros puede traer alegría y desafíos a una relación. Al discutir los límites, las expectativas y el respeto mutuo, las parejas sientan las bases para interacciones saludables y armoniosas con los miembros de su familia extendida.

Dentro de este ámbito, las parejas abordan preguntas que invitan a la reflexión:

- ¿Cuáles son nuestras expectativas de apoyo y participación de nuestros respectivos suegros y cómo comunicamos estas expectativas de manera efectiva?
- ¿Cómo navegamos por las diferencias en orígenes culturales, tradiciones y valores con nuestros suegros?
- ¿Qué límites debemos establecer para mantener la autonomía y la privacidad dentro de nuestra relación?
- ¿Cómo abordamos los conflictos o desacuerdos con nuestros suegros y al mismo tiempo preservamos la integridad de nuestra asociación?
- ¿Qué estrategias podemos emplear para asegurar que ambos socios se sientan respetados y valorados en las interacciones con las familias del otro?

Gestionar la vida social y las amistades fuera de la relación

Si bien la pareja romántica es fundamental para nuestra red de apoyo social, mantener conexiones con amigos y participar en actividades sociales fuera de la relación es crucial para el crecimiento, la realización y el equilibrio personal.

Al explorar este aspecto de sus vidas, las parejas se enfrentan a preguntas desafiantes:

- ¿Qué papel juegan las amistades en nuestras vidas individuales y cómo priorizamos el fomento de estas conexiones mientras mantenemos un vínculo fuerte entre nosotros?
- ¿Cómo navegamos por las diferencias en preferencias e intereses sociales, asegurando que ambos socios se sientan apoyados y realizados en sus interacciones sociales?
- ¿Qué límites debemos establecer con respecto al tiempo que pasamos con amigos y actividades sociales, equilibrando las necesidades individuales con las necesidades de la pareja?
- ¿Cómo nos apoyamos mutuamente para hacer nuevos amigos e integrarlos a nuestro círculo social?
- ¿Cómo abordamos los conflictos o desacuerdos relacionados con actividades sociales o amistades, fomentando la comunicación abierta y el entendimiento mutuo?

Al navegar las relaciones familiares y sociales, las parejas profundizan su conexión, fortalecen su vínculo y sientan las bases para una vida juntos plena y armoniosa. A través del diálogo abierto, la empatía y el apoyo mutuo, forjan un camino hacia la construcción de una red de relaciones de apoyo que enriquece sus vidas y sostiene su asociación en los años venideros.

Capítulo Nueve

EXPERIENCIAS PASADAS Y EQUIPAJE

Las experiencias pasadas y el bagaje emocional dan forma a la estructura de quiénes somos e influyen en la dinámica de nuestras relaciones. En este capítulo, analizaremos una serie de preguntas relacionadas con compartir historias personales, abordar traumas pasados o patrones de relación y crear un espacio seguro para la vulnerabilidad y la curación dentro de la asociación. Nuestras historias personales son un mosaico de alegrías, tristezas, triunfos y reveses que nos han convertido en las personas que somos hoy. Lo mejor es que una vez planteadas estas preguntas, las compartamos de forma abierta y honesta.

Sé que, para muchos, los traumas pasados o los patrones de relación negativos pueden arrojar sombras sobre nuestras vidas presentes, influyendo en nuestros pensamientos, sentimientos y comportamientos. Dentro del contexto de nuestra asociación, es esencial abordar estas heridas con compasión, empatía y voluntad de sanar juntos. Mientras se curan, usted y su pareja deben cultivar un profundo sentido de confianza mutua, intimidad y conexión que sirva como base para una relación resiliente y duradera. Esto sólo se puede lograr creando un espacio seguro para que cada uno exprese sus emociones, miedos y vulnerabilidades para ayudar a la curación y el crecimiento mutuos.

Para afrontar esto, los socios deben abordar algunas cuestiones difíciles que se destacarán a continuación;

- ¿Cómo creamos un entorno seguro y de apoyo para compartir nuestras historias personales y experiencias pasadas?
- ¿Qué acontecimientos o hitos importantes han dado forma a nuestras vidas y cómo han influido en nuestras perspectivas y comportamientos?
- ¿Hay algún aspecto de nuestro pasado que nos sentimos indecisos o incómodos al compartir unos con otros? Si es así, ¿por qué?
- ¿Cómo nuestras experiencias pasadas con la familia, relaciones anteriores o acontecimientos de la vida impactan nuestras percepciones y comportamientos actuales dentro de nuestra asociación?
- ¿Cuáles son nuestras expectativas sobre cómo nuestro socio nos responderá y apoyará mientras compartimos nuestras historias personales?
- ¿Qué traumas pasados o patrones de relación negativos hemos experimentado y cómo nos siguen afectando?

- ¿Existen desencadenantes o situaciones específicas que evocan fuertes respuestas emocionales debido a traumas o experiencias de relaciones pasadas?

- ¿Cómo nos apoyamos mutuamente en el procesamiento y la curación de heridas del pasado, respetando al mismo tiempo los límites y las necesidades de cada uno?

- ¿Existen mecanismos o comportamientos de afrontamiento poco saludables que hayamos desarrollado como resultado de traumas o patrones de relación pasados? Si es así, ¿cómo podemos trabajar juntos para abordarlos?

- ¿Qué estrategias podemos implementar para evitar que traumas pasados o patrones de relación afecten negativamente nuestra relación actual?

- ¿Cómo fomentamos la comunicación abierta y la honestidad emocional dentro de nuestra asociación, creando un espacio seguro para la vulnerabilidad y la curación?

- ¿Qué prácticas o rituales podemos incorporar a nuestra vida diaria para promover la intimidad y la conexión emocional?

- ¿Cómo respondemos a las vulnerabilidades y necesidades emocionales de los demás con empatía, compasión y apoyo?

- ¿Existen barreras u obstáculos que nos impiden expresarnos plenamente y ser vulnerables unos con otros? Si es así, ¿cómo podemos superarlos?

- ¿Qué papel juegan el perdón, la aceptación y la resiliencia en nuestro viaje hacia la curación de experiencias y bagajes pasados?

Habiendo abordado a fondo situaciones relacionadas con experiencias pasadas y bagaje emocional, las parejas profundizan su conexión, fortalecen su vínculo y sientan las bases para una asociación basada en la empatía, la comprensión y el apoyo mutuo.

A través de una vulnerabilidad valiente y una curación compasiva, ambos se embarcan en un viaje de crecimiento, resiliencia y profunda intimidad que trasciende las heridas del pasado y allana el camino para un futuro brillante y esperanzador juntos.

Capítulo Diez

EVALUAR LA COMPATIBILIDAD Y TOMAR DECISIONES INFORMADAS

A medida que el viaje de exploración y descubrimiento llega a su fin, los socios se encuentran en una encrucijada importante, donde los caminos que elijan darán forma al curso de su futuro juntos. Este capítulo profundiza en el proceso de evaluar la compatibilidad, evaluar los valores compartidos y tomar decisiones informadas sobre la trayectoria de su relación.

Al reflexionar sobre la información recopilada y los conocimientos adquiridos, los socios hacen una pausa para asimilar la riqueza de experiencias, conversaciones y emociones que han caracterizado su viaje hasta el momento. Profundizan en las profundidades de sus recuerdos compartidos, extrayendo sabiduría y comprensión de los desafíos que enfrentaron y los triunfos que celebraron juntos. Estas reflexiones sirven como una brújula que les guía hacia una comprensión más profunda de sí mismos y de los demás.

Con una nueva claridad, las parejas centran su atención en evaluar la compatibilidad y los valores compartidos. Navegan por el intrincado terreno de su relación, explorando los matices de su conexión, estilos de comunicación y creencias fundamentales. A través de un diálogo abierto y honesto, buscan desenredar los hilos que los unen, discerniendo si su unión está arraigada en una base sólida de comprensión y respeto mutuos.

En este proceso de evaluación, las parejas enfrentan las complejidades de su vínculo con valentía y vulnerabilidad. Reconocen las diferencias que existen entre ellos, reconociendo que la verdadera compatibilidad trasciende la mera similitud y requiere una apreciación genuina de las fortalezas, debilidades e idiosincrasias de cada uno. A través de esta introspección, obtienen conocimientos invaluables sobre la dinámica de su asociación, lo que les permite tomar decisiones informadas sobre su futuro juntos.

Armadas con una comprensión más profunda de sí mismas y de los demás, las parejas se embarcan en la fase final de su viaje: tomar decisiones informadas sobre la dirección de su relación. Sopesan los riesgos y recompensas del compromiso, considerando las implicaciones de sus elecciones en su crecimiento individual y bienestar colectivo. Con valentía y convicción inquebrantables, aceptan la incertidumbre del futuro, confiando en la fuerza de su vínculo para guiarlos a través de cualquier desafío que pueda surgir.

Mientras se encuentran en el umbral de las posibilidades, las parejas abrazan la aventura de la asociación con corazones y mentes abiertos. Reconocen que el viaje que les espera estará lleno de giros y vueltas, altibajos, pero lo enfrentan juntos, unidos en su compromiso de construir una vida de amor, comprensión y apoyo mutuo.

Al final, no es el destino lo que más importa, sino el viaje que emprenden juntos, de la mano, unidos por lazos de amor y propósito compartido.

Capítulo once

PREPARARSE PARA EL MATRIMONIO

A medida que se cierra el telón en el escenario del noviazgo y el compromiso, se desarrolla un nuevo capítulo en la historia de amor de dos almas unidas por la promesa de la eternidad.

En este capítulo, nos embarcamos en el emocionante viaje de preparación para el matrimonio, un momento lleno de emoción, anticipación y un toque de mariposas en el estómago.

En medio del frenesí de los preparativos y festividades de la boda, usted y su pareja deben buscar momentos de introspección y reflexión mientras ambos profundizan en el ámbito de la asesoría prematrimonial.

Como intrépidos exploradores que navegan en aguas inexploradas, ambos deben buscar guía y sabiduría de navegantes experimentados que han atravesado los mares del matrimonio antes que ustedes. Juntos, ambos se embarcarán en un viaje de autodescubrimiento y crecimiento, sentando las bases para una unión construida sobre una base de confianza, comunicación y comprensión mutua.

A medida que se acerca el gran día, es posible que usted y sus parejas se encuentren navegando por las aguas agitadas del estrés y las expectativas previas a la boda. Desde la disposición de los asientos hasta los arreglos florales, desde las listas de invitados hasta las pruebas de vestidos, las listas de tareas pendientes parecen interminables y la presión aumenta con cada día que pasa. Sin embargo, en medio del caos y el frenesí de actividad, ambos necesitan encontrar consuelo en los brazos del otro, sacando fuerzas de su amor y compromiso para capear juntos las tormentas de la vida. Con la risa como brújula y el amor como ancla, navegas por los altibajos del nerviosismo previo a la boda con gracia, humor y una saludable dosis de perspectiva.

A medida que las últimas piezas del rompecabezas encajan, usted y su pareja se encuentran en el umbral de un nuevo comienzo, listos para embarcarse en la aventura de su vida. Con el corazón lleno de amor y los ojos llenos de sueños, ultimas los planes de boda y te preparas para celebrar tu compromiso frente a familiares y amigos. Desde el intercambio de votos hasta el corte del pastel, desde el primer baile hasta el último brindis, cada momento está impregnado de la magia del amor y la promesa de siempre.

Como tuambos de la mano, rodeado de aquellos a quienes aprecia, abraza la alegría y la belleza de esta ocasión trascendental, saboreando cada momento precioso mientrasambos Comience su viaje como marido y mujer. Porque en esta unión sagrada, no sólo encuentras la satisfacción de tus deseos más profundos, sino también la promesa de un futuro lleno de amor, risas y aventuras sin fin.

Entonces, mientras se pone el sol en este capítulo de preparación y anticipación, mire hacia adelante con esperanza y emoción, ansioso por entrar en el siguiente capítulo de su historia de amor, de la mano, con los corazones unidos y los sueños en llamas.

Porque en el viaje del matrimonio, cada momento es una oportunidad para escribir un nuevo capítulo, para crear un legado de amor que resistirá la prueba del tiempo e inspirará a las generaciones venideras.

Conclusión

ACEPTAR EL VIAJE DE CONOCER A TU PAREJA

A medida que alcanzamos la culminación de este viaje transformador, recordamos el profundo poder del amor, la comprensión y la conexión para dar forma al curso de nuestras vidas y relaciones. Desde la chispa inicial de atracción hasta los profundos vínculos forjados a través de experiencias compartidas y conversaciones sinceras, el viaje de conocer a su pareja es una aventura sagrada y estimulante que sienta las bases para una vida de amor, crecimiento y plenitud.

A lo largo de los capítulos de este libro, hemos profundizado en las complejidades de construir y fomentar una relación significativa, explorando las profundidades de la comunicación, la confianza y la compatibilidad que forman la base del amor duradero. Hemos navegado por los giros y vueltas del autodescubrimiento y la comprensión mutua, enfrentando los desafíos con valentía y gracia, y celebrando las victorias con alegría y gratitud.

Al emprender el viaje de conocer a su pareja, nos hemos embarcado en un viaje de exploración y descubrimiento, descubriendo los tesoros únicos que se encuentran en el corazón y el alma de cada uno. Hemos aprendido a apreciar la belleza de la vulnerabilidad, a abrazar el poder de la empatía y a cultivar un espíritu de apertura y autenticidad en nuestras interacciones.

Pero el viaje no termina aquí. Mientras nos encontramos en el umbral de un nuevo capítulo en nuestras relaciones, estamos llamados a comprometernos con el crecimiento y la comunicación continuos, para nutrir las semillas de amor y comprensión que hemos plantado a lo largo del camino. Reconocemos que la verdadera intimidad no es un destino sino una búsqueda de toda la vida, un viaje de autodescubrimiento y exploración mutua que se desarrolla cada día que pasa.

Al mirar hacia el futuro, nos llenamos de esperanza y entusiasmo por las aventuras que nos esperan. Sabemos que habrá desafíos que superar, obstáculos que sortear y momentos de incertidumbre que afrontar. Pero también sabemos que no estamos solos, que tenemos a los demás en quienes apoyarnos, reírnos y amarnos incondicionalmente.

Al comprometernos con el crecimiento y la comunicación continuos en nuestras relaciones, nos comprometemos a honrar el vínculo sagrado que compartimos, a valorar el don del amor que se nos ha dado y a construir un futuro lleno de alegría, plenitud y posibilidades infinitas. Prometemos escuchar con empatía, hablar con honestidad y apoyarnos mutuamente en los altibajos del viaje de la vida.

Así que abracemos este momento con el corazón y la mente abiertos, listos para embarcarnos en el siguiente capítulo de nuestra historia de amor con valentía, gracia y compromiso inquebrantable. Porque en el viaje para conocer a su pareja, cada momento es una oportunidad para profundizar nuestra conexión, fortalecer nuestro vínculo y crear un legado de amor que resistirá la prueba del tiempo.

Al despedirnos de estas páginas, llevemos con nosotros las lecciones aprendidas, los recuerdos compartidos y el amor que nos une. Y que nuestro viaje siga lleno de risas, aventuras y la belleza de un amor que no conoce límites.